Ein Tag am See

Ein Tag am See
Gedichte

Herausgegeben von Eberhard Scholing

Reclam

RECLAMS UNIVERSAL-BIBLIOTHEK Nr. 14260
2022 Philipp Reclam jun. Verlag GmbH,
Siemensstraße 32, 71254 Ditzingen
Umschlaggestaltung: Philipp Reclam jun. Verlag GmbH
Umschlagabbildung: Harald Slott-Møller (1864–1937):
»Bootspartie am idyllischen See«, undatiert – akg-images
Druck und Bindung: Eberl & Koesel GmbH & Co. KG,
Am Buchweg 1, 87452 Altusried-Krugzell
Printed in Germany 2022
RECLAM, UNIVERSAL-BIBLIOTHEK und
RECLAMS UNIVERSAL-BIBLIOTHEK sind eingetragene Marken
der Philipp Reclam jun. GmbH & Co. KG, Stuttgart
ISBN 978-3-15-014260-8
www.reclam.de

Inhalt

Abend am See

Berge und See

Fahrt auf dem See

Nixenzauber

Seegetier

Wintersee

Gerade wie ein tiefer See
Kristallklar ist und ungetrübt,
So werden auch die Weisen klar,
Wenn sie vernehmen das Gesetz.

Buddha (560 – 480 v. Chr.)

Vorwort

»Es lächelt der See, er ladet zum Bade«. Mit diesen Worten lässt Friedrich Schiller (1759–1805) sein Drama *Wilhelm Tell* (1804) beginnen. Er führt die Leserinnen und Leser an den idyllischen Schauplatz des Vierwaldstätter Sees – ein bergumkränzter Voralpensee, von dessen Schönheit einst schon der junge Johann Wolfgang Goethe (1749–1832) geschwärmt hatte, als er auf seiner ersten Schweizer Reise (1775) mit Zeichenstift und Skizzenheft auf den Spuren des legendären Wilhelm Tell am See gewandert war. Und auch der Dichter Hermann Hesse (1877–1962) schrieb in seinem fiktiven Tagebuch *Hermann Lauscher* (1901) über eine »ganz überschwängliche Lust«, die ihn beim Anblick des Sees überkam, »ein Gefühl der Befreiung vom Gesetz der Schwere, ein Gefühl der Auflösung«.

Schöne Seen gelten als naturnahe Orte voller Mystik und Magie und haben seit jeher die poetische Phantasie von Dichterinnen und Dichtern beflügelt (mit »See« ist für gewöhnlich ein stehendes Gewässer gemeint, größer und tiefer als ein Teich und kleiner und überschaubarer als ein Meer, die See). »Still ruht der See! Vom Himmelsdome die Sterne friedsam niedersehn« heißt es im Text eines bekannten Chorlieds des Dichters und Komponisten Heinrich Pfeil (1835–1899). Ein See mit seinem stehenden Wasser strahlt Ruhe und Frieden aus. Das macht ihn – nicht nur für die Dichterinnen und Dichter – zu einem idealen Refugium, in das man sich zurückziehen kann, um Abstand zu gewinnen, sich zu sammeln und neue Kraft zu schöpfen für Körper und Geist. Von einem See kann aber auch etwas Beunruhigendes ausgehen. Unter seiner ruhigen, glatten Oberfläche, so die Vorstellung, verbergen sich dunkle, geheimnisvolle Kräfte – poetisch zu deuten als das Dunkle der menschlichen Seele oder die unergründliche Tiefe eines Charakters (»Stille Wasser sind tief«). In mythologischer Sicht können Seen von allerlei Fabelwesen bevölkert sein, wie etwa von Nymphen, die arglose Fischer umgarnen und zu sich in die Tiefe ziehen (»Halb zog sie ihn, halb sank er hin, / Und ward nicht mehr gesehn«).

Von alldem und anderen Begebenheiten und Erlebnissen rund um den See erzählen die hier versammelten Gedichte von 77 deutschsprachigen Dichterinnen und Dichtern aller literarischen Epochen von der Aufklärung bis zur Gegenwart. Das vorliegende Büchlein lädt Lyrik- und Naturfreunde ein zu poetischen Wanderungen und Verweilpausen – an glasklaren Bergseen, lauschigen Waldseen, sommerlichen Badeseen, eiserstarrten Winterseen und an verwunschenen Märchenseen, in denen sich Nixen und Necken tummeln.

Eberhard Scholing

Sommersee

Im Strandbad lassen sich die Menschen schmoren,
es riecht so sommerlich nach Holz und Teer

HUGO SALUS
Gardasee

Von all den wunderschönen Sommertagen,
Die mich an deinem Strand so tief entzückt,
Hat mich kein einziger – soll ich's beklagen? –
Im Neuerlebnis eines Lieds beglückt.

Wollt' ich in Verse mein Erinnern gießen,
Wer weiß, was ich von meinem Glück verlier!
So brauch ich nur die Lider fest zu schließen,
Und hab noch all die Pracht in mir, in mir!

MAX HERMANN-NEISSE
Sommermittag am See

Der Mittag träumt. Der See bewegt sich träge.
Im einsam weißen Haus klagt das Klavier.
Die Uhr macht langsam ihre Stundenschläge.
Auf heißem Stein sonnt sich ein Katzentier.

Im Strandbad lassen sich die Menschen schmoren,
es riecht so sommerlich nach Holz und Teer.
Man fühlt sich ohne Pflichten, weltverloren,
und spürt den nahen Süden und sein Meer.

Indes in all den leeren Straßen drüben
gigantisch gähnend das Verdaun gedeiht,
der Essen Dünste jetzt die Lüfte trüben,
hält ihren Schlummer ungestört die Zeit.

Ein Flieger zieht am Himmel in die Weite,
es nahen sich Gewitterwölkchen sacht.
Und seltsam winterlich starrt das beschneite
Gebirge fern in seiner kalten Pracht.

HEINRICH LEUTHOLD

Seelied

Es brennet heiß des Mittags Glut;
Der Weih sich hoch im Äther wiegt,
Und über blauer Wellen Flut
Die leichtbeschwingte Schwalbe fliegt.

Und schüchtern aus dem Schilfrohr schaut,
Das rings vor ihrer Schönheit bebt,
Die Lilie, eine zarte Braut,
Um die ein bunter Falter schwebt.

Ein Knabe schaukelt sich im Kahn,
Der von dem grünen Strande flieht,
Und seine Spuren kreuzt ein Schwan,
Der durch die hellen Wogen zieht.

Wie sich Natur in holder Pracht
So sanft, so zahm und milde stellt!
Hat doch der Sturm erst gestern Nacht
Ein Schiff an steilem Fels zerschellt!

Nun sieht man Silberwölkchen ziehn,
Getragen von des Zephirs Wehn;
Er säuselt fromm und sanft dahin,
So ganz, als wäre nichts geschehn.

Des Himmels blau und rein Gebild
Schaut lächelnd auf das Wrack im See ….
So schaut i h r Auge blau und mild
Herab auf meines Herzens Weh.

Morgensee

So viel weiße Seerosen wie dieses Jahr
Hat der Waldsee noch niemals gesehen.
In der blühenden Brandung ein Wildentenpaar
Zu hören ist nicht zu sehen
Im schäumenden Weiß. Der Sommer querrt
Eintönig mit ihren Stimmen.
Der Tag ist schon früh so von Hitze verzerrt,
Daß nur hilft: ins Wasser und schwimmen
Durchs Rosengeschlinge, die Todesgefahr
Unsrer ängstlichen Kindheit: es reißt euch hinab!
Ich treibe im Kühlen kühl Sonne im Haar ...
Wie schön, wenn es jetzt wär, von Rosen dies Grab

JOHANNES R. BECHER

Seelandschaft

Ein wenig scheint vom See sich abzuheben
Das Segelboot im blauen Sommerglast
Und in ein andres Leben zu entschweben
Mit wehend weißen Blüten an dem Mast.

Die kleinen Fische tanzen auf den Wellen,
Und in Spiralen kreist ein Vogelflug.
Ein Schaumgebilde, zeigt im überhellen
Hochsommerleuchten sich ein Wolkenzug.

Die Bäume an dem See sind grünes Winken,
Ein Abschiedswinken, flüsterndes Ade.
Schon da und dort ein Licht, ein Fensterblinken,
Und Sterne blinken überm dunklen See.

Die Segelboote traumhaft im Entgleiten.
Fern lächelt irgendwo noch Wellenschlag.
Es sind nicht diese, sind nicht jene Zeiten,
Nacht ist nicht Nacht, und Tag wird nicht zum Tag.

WILHELMINE GEISSLER

Seebad

Auf dem heißen Gestein,
Über dem durstigen Rain
Schwebt des Sommers Schwüle;
Nicht unter schattigem Baum,
Nicht im heimischen Raum
    Finde ich Kühle.

Aber drunten am Quai
Winkt der wogende See,
Spielend am herrlichen Strande.
Froh hinab in die Flut!
Fort in erneutem Mut
    Fliegen die Bande.

Heiter werde der Sinn,
Mit der Schwüle dahin
Weichen die trüben Gedanken;
Wie im Wasser, so rein,
Wogt der flimmernde Schein,
    Fühl ich sie wanken,

Fühl ich versinken das Leid
Aller Vergangenheit
In der Gegenwart Wonne;
Über den Tiefen der Nacht
Schwimmen in schimmernder Pracht
    Leben und Sonne.

GEORG BRITTING
August am Wolfgangsee

Abends schrien schriller noch die Grillen,
Als sie es den ganzen Nachmittag getan,
Und es flogen noch die vielen, stillen
Schmetterlinge, als die Nacht begann.

Und der Himmel sandte seine Zeichen,
Gold um Gold fiel aus der Purpurferne,
Aus den Bildern lösten sich die Sterne,
Stürzten her aus glühenden Bereichen,

Botengänger einer fremden Macht.
Still wie Ampeln brannten, die verharrten,
Und die Frösche in dem Schilfe schnarrten
Ohne Kenntnis durch die Nacht.

Ich lag auf dem Badesteg als Wind kam

Ich lag auf dem Badesteg als Wind kam
Er zerblies den See alles geriet in Bewegung
Segelboote bohrten die Nase ins Schilf
Die Wassermummeln tanzten, ihre Knospen
Hoben sich wie grüne Nägel auf aus dem Wasser

Dem Gärtner am Ufer flog Rauch ins Gesicht
Es wurde schwierig Aale zu räuchern
Das Stroh unter der Tonne brannte hell
Ich sah seinen Mund fluchen, der See
Zerbrach einen Fisch an der Ufermauer

Riesenweibern hingen die Brüste zur Erde
Bäuche blähten sich brachen spieen Getier aus
Oder ein kleines brummendes Flugzeug
Als der See im Ohr weiterrauschte
Flog niedrig ein Schwan über mir

Flügel knarrten, er schrie mit so hoher Stimme
Daß ich glaubte es wäre ein Singschwan
Er sah mich an, diesen Tag
War ich glücklich obwohl
Ich von fernher Nachrichten hörte und in der Nacht
Mörderische Träume

ANNETTE VON DROSTE-HÜLSHOFF

Der Weiher

Er liegt so still im Morgenlicht,
So friedlich, wie ein fromm Gewissen;
Wenn Weste seinen Spiegel küssen,
Des Ufers Blume fühlt es nicht;
Libellen zittern über ihn,
Blaugoldne Stäbchen und Karmin,
Und auf des Sonnenbildes Glanz
Die Wasserspinne führt den Tanz;
Schwertlilienkranz am Ufer steht
Und horcht des Schilfes Schlummerliede;
Ein lindes Säuseln kommt und geht,
Als flüstr' es: Friede! Friede! Friede! –

LUDWIG STRAUSS

Lieder am See

I

Wie leicht die grüne Flut sich vor mir teilt,
Die meine Arme wie ein Glas durchglänzen!
Von Schauern ist die Fläche zart durcheilt,
Der Blick so weit und doch in schönen Grenzen.

Um steigende Ufer schweift ein langer Kranz,
Braungold durchflammt das Grün der Kiefernhügel,
Und Berge Laubs gewellt in körnigem Glanz,
Und Himmel und das Ziehn gespannter Flügel.

Herum! Den Leib hinaufgewölbt! Ich bin
Getragen regungslos durch blendend Blinken ...
Da spülts mir über Brust und Stirn und Kinn,
Und langsam, langsam fühle ich mich sinken.

Doch aufwärts ring ich wieder, Stoß um Stoß,
Durchsichtige Flut und Fische vor den Augen.
Ins Helle tauch ich, triefend, atemlos.
Die gelbe Strandbucht scheint mich anzusaugen.

Hier laß ich, hingestreckt im glühenden Sand,
Um Wasserfrische, in mir eingeschlossen,
Die Sonne runden tausendspitzigen Brand,
Bis ich im Herzensgrunde sie genossen.

26 Dann schreit ich aus, vom Geiste überblaut,
In aller Glieder kräftigem Gefühle,
In Mittaghitze bergend auf der Haut
Unter den Kleidern noch das köstlich Kühle.

Vom Schwimmen in Seen und Flüssen

1

Im bleichen Sommer, wenn die Winde oben
Nur in dem Laub der großen Bäume sausen
Muß man in Flüssen liegen oder Teichen
Wie die Gewächse, worin Hechte hausen.
Der Leib wird leicht im Wasser. Wenn der Arm
Leicht aus dem Wasser in den Himmel fällt
Wiegt ihn der kleine Wind vergessen
Weil er ihn wohl für braunes Astwerk hält.

2

Der Himmel bietet mittags große Stille.
Man macht die Augen zu, wenn Schwalben kommen.
Der Schlamm ist warm. Wenn kühle Blasen quellen
Weiß man: ein Fisch ist jetzt durch uns geschwommen.
Mein Leib, die Schenkel und der stille Arm
Wir liegen still im Wasser, ganz geeint
Nur wenn die kühlen Fische durch uns schwimmen
Fühl ich, daß Sonne überm Tümpel scheint.

3

Wenn man am Abend von dem langen Liegen
Sehr faul wird, so, daß alle Glieder beißen
Muß man das alles, ohne Rücksicht, klatschend
In blaue Flüsse schmeißen, die sehr reißen.
Am besten ist's, man hält's bis Abend aus.
Weil dann der bleiche Haifischhimmel kommt
Bös und gefräßig über Fluß und Sträuchern
Und alle Dinge sind, wie's ihnen frommt.

4

Natürlich muß man auf dem Rücken liegen
So wie gewöhnlich. Und sich treiben lassen.
Man muß nicht schwimmen, nein, nur so tun, als
Gehöre man einfach zu Schottermassen.
Man soll den Himmel anschaun und so tun
Als ob einen ein Weib trägt, und es stimmt.
Ganz ohne großen Umtrieb, wie der liebe Gott tut
Wenn er am Abend noch in seinen Flüssen schwimmt.

ALFRED ANDERSCH

Schwimmen im Moosehead Lake, Maine

eigentlich darfst du
nicht schwimmen
sondern mußt dich bloß
treiben lassen
bewegungslos
damit du die spiegelung
der wälder und wolken
nicht zerstörst

im september
wenn es still ist
liest das wasser
von den tafeln der berge im norden
die gerüchte von einem kontinent ab der
noch nie einen schritt gehört hat
ehe es sich
eine tiefere farbe
wie ein schweigen einschminkt

leg dich auf den rücken
paddle nur sacht mit den füßen
es ist abend
der himmel ist still
der see ist still
die wälder sind rauchblau
gleich wird es regnen

MAX HALBE

Sommernacht

Aus dem Zyklus »Am Starnberger See«

Verträumter, verträumter Klang überm See.
Wo ist meine Heimat auf einsamer Erden?
Wo sind die Herzen, die für mich schlugen?
Wo ist das Haus meiner Eltern, lindenumrauscht?
Verträumter, verträumter Klang überm See.
Wo sind die Augen, die für mich blitzten?
Wo sind meine Freunde aus tollen Tagen?
Wo ist das Glück, das ich suchte in weiter Welt?
Verträumter, verträumter Klang überm See.

Abend am See

Im Mandelbaum leuchtet der Mond,
und seidig glänzt der See

KLABUND
Am Luganer See

Durchs Fenster strömt der See zu mir herein,
Der Himmel auch mit seinem Mondenschein.
Die Wogen ziehen über mir dahin,
Ich träume, dass ich längst gestorben bin.
Ich liege auf dem Grunde alles Seins
Und bin mit Kiesel, Hecht und Muschel eins.

HERMANN LINGG

Sonnenuntergang am See

Wie vor Jahren blick ich wieder
Auf die braunen Wogen nieder,
Wie sie brandend mich umsprühn.
Immer seid ihr noch die gleichen,
An die Wolken wollt ihr reichen,
Felsen stürmt ihr – eitles Mühn!
Ach, in eurem Bild zerstieben
Schau ich eignes Hoffen, Streben, Lieben!

Auf ihr Purpurkissen sinket
Müd die Sonne, goldhell blinket
Durch die Wolken noch ihr Licht.
Einen Gruß noch ihren Wogen
Winkt sie, schon hinabgezogen,
Und die Dunkelheit umflicht
Ihre königliche Stirne, – stummer
Wird die Welt und sinkt mit ihr in Schlummer.

Still ruht der See!

Still ruht der See! Die Vögel schlafen,
Ein Flüstern nur, Du hörst es kaum!
Der Abend naht, nun senkt sich nieder
Auf die Natur ein süßer Traum!

Still ruht der See! Durch das Gezweige
Der heil'ge Odem Gottes weht;
Die Blümlein an dem Seegestade,
Sie sprechen fromm ihr Nachtgebet.

Still ruht der See! Vom Himmelsdome
Die Sterne friedsam niedersehn –
O Menschenherz, gib Dich zufrieden:
Auch Du, auch Du wirst schlafen gehn!

Seebild

Leis atmend entschläft der See, der tagesmüde,
Bei des Bergwinds verhauchendem Abendliede.
Schon starben die letzten Wellen
Zwischen des Ufers braunem Rohr.
Nur kleine Fischlein schnellen
Vereinzelt noch empor,
Vom letzten Sonnenschein zu trinken
Und selig dann zur Tiefe hinzusinken.

Nun quillt's hervor
In feinen, taufeuchten Düften;
Nun steigt es und hebt sich empor
Und schwebt in den Lüften.

Dicht nun und immer dichter
Spinnt sich der Nebel um den See.
Von Zeit zu Zeit noch blitzen rötliche Lichter
Hernieder durch die ragende Waldeshöh'.
Doch auch allmählich schon erblasst
Der gelbe Saum, der die Wolken umfasst.
Nun schwindet der letzte fahle Schein –
Und alles schlummert ein.

JUSTINUS KERNER
Abendschifffahrt

[Tegernsee]

Wenn von heiliger Kapelle
Abendglocke fromm erschallet,
Stiller dann das Schiff auch wallet
Durch die himmelblaue Welle;
Dann sinkt Schiffer betend nieder,
Und wie von dem Himmel helle
Blicken aus den Wogen wieder
Mond und Sterne.
Eines ist dann Wolk und Welle,
Und die Engel tragen gerne,
Umgewandelt zur Kapelle,
So ein Schiff durch Mond und Sterne.

LUDWIG THOMA

Mondnacht am Chiemsee

Gespensterhaft die Berge ragen.
Weit über sie mit bleichem Schein,
Von raschen Wolken tief umzogen,
Schaut silberhell der Mond herein.

Der See erglänzt von seinen Strahlen,
Die spielen glänzend drüber her,
Als tanzten Nixen ihren Reigen
Auf leichtbewegtem Wellenmeer.

Am Ufer durch die hohe Buche
Mit leisem Hauch der Nachtwind zieht,
Und in den Zweigen tönt ein Flüstern
Geheimnisvoll, fast wie ein Lied.

Ich bin allein. Und wonnetrunken
Ergeb ich mich der stillen Pracht
Und meine Brust durchbebt der Zauber
Der feierlichen Sommernacht.

Comer See

Im Mandelbaum leuchtet der Mond,
und seidig glänzt der See ...
Schwarz ragen die Zypressen
der Opfergangallee.

Die Reifenbarke schaukelt
zum tauigen Inselhain.
In Ufergartenblüten
sticht sich der Schwärmer ein.

Die Ringellocken der Lichter
verschaukeln um den See ...
Still rauchen die Altäre
der Opfergangallee ...

HERMANN LÖNS

Radaunensee im Glotzow

Es taucht aus rabenschwarzer, stiller Flut
Die dottergelbe, stolze Wasserrose;
Des Fliegenpilzes feuerroter Hut,
Der leuchtet grell aus sammetgrünem Moose.

Die düstern Kiefern stehen stramm und steif,
Zum Wasser bücken sich die schlanken Birken;
Durchs Unterholz zieht schwer ein Nebelstreif
Und lässt die weißen Birken zaub'risch wirken.

In wolkenloser, dunkelblauer Höh'
Kommt müden Flugs ein Reiher hergezogen –
Für einen Abend am Radaunensee
Gäb ich den Rhein mit seinen goldnen Wogen.

NIKOLAUS LENAU
Schilflieder

1

Drüben geht die Sonne scheiden,
Und der müde Tag entschlief.
Niederhangen hier die Weiden
In den Teich, so still, so tief.

Und ich muss mein Liebstes meiden:
Quill, o Träne, quill hervor!
Traurig säuseln hier die Weiden,
Und im Winde bebt das Rohr.

In mein stilles, tiefes Leiden
Strahlst du, Ferne! hell und mild,
Wie durch Binsen hier und Weiden
Strahlt des Abendsternes Bild.

ERNST STADLER
Der Teich

Der stille Teich von dunklem Schilf umflüstert
und alten überwachsnen Stämmen die seltsam rauschen
erglüht im sinkenden Abend. Leise flirrt
sein tiefer brauner Kelch im Nachtwind und umspült
der schlanken Gondel goldgezierten Bug
die schwer mit Tang und trüber Flut gefüllt
auf weichen Ufermoosen schaukelt wo
der schmale Kiesweg grün umwuchert
in fernes Dunkel taucht. Verschlafen gleiten
im Wellenrieseln weiße Wasserrosen
an dünnen schwanken Stängeln hin und strahlen
in blassem Feuer groß aus braunen Schatten die
von breiten Buchenkronen sinken und
der satte Abendhimmel überströmt
von Purpurwolken flimmert durchs Gewirr
der Äste schwer und brennend wie ein Schacht
mit funkelnden Juwelen übersät.

Die drei Teiche in Hellbrunn

2. Fassung

Hinwandelnd an den schwarzen Mauern
Des Abends, silbern tönt die Leier
Des Orpheus fort im dunklen Weiher
Der Frühling aber tropft in Schauern
Aus dem Gezweig in wilden Schauern
Des Nachtwinds silbern tönt die Leier
Des Orpheus fort im dunklen Weiher
Hinsterbend an ergrünten Mauern.

Ferne leuchten Schloss und Hügel.
Stimmen von Frauen, die längst verstarben
Weben zärtlich und dunkelfarben
Über dem weißen nymphischen Spiegel.
Klagen ihr vergänglich Geschicke
Und der Tag zerfließt im Grünen
Flüstern im Rohr und schweben zurücke –
Eine Drossel scherzt mit ihnen.

Die Wasser schimmern grünlichblau
Und ruhig atmen die Zypressen
Und ihre Schwermut unermessen
Fließt über in das Abendblau.
Tritonen tauchen aus der Flut,
Verfall durchrieselt das Gemäuer
Der Mond hüllt sich in grüne Schleier
Und wandelt langsam auf der Flut.

ODA SCHAEFER

Abend am Wasser

Hohe Bäume, die der Abend bräunte
Mit dem Fall des Abends vom Zenit –
Helles Wasserauge, buschumsäumte
Spiegelung des letzten Lichtes – wie ein Lied

Lebst du klar und still, im Wind geboren,
Doch der Osten birgt sie schon, die Schattennacht,
Bis du ganz in Dunkelheit verloren,
Ozean für einer Wolke schwarze Fracht.

Berge und See

Die Gipfel schaun sich an beglückt
im tiefazurnen Spiegel

MARTIN GREIF
An einen Bergsee

Ernster See, der du ergossen
Träumst in deiner Berge Hut,
Wo, von Felsen eingeschlossen,
Atmet deiner Wellen Flut –

Durch die Stille, die dir eigen
Und die doch vernehmlich spricht,
Lehre mich des Stolzes Schweigen
Vor der Feinde Angesicht!

HERMANN HESSE

Berge in der Nacht

Der See ist erloschen,
Schwarz schläft das Ried,
Im Traume flüsternd.
Ungeheuer ins Land gedehnt
Drohen die hingestreckten Berge.
Sie ruhen nicht.
Sie atmen tief, und sie halten
Einer den andern an sich gedrückt.
Tief atmend,
Mit dumpfen Kräften beladen,
Unerlöst in verzehrender Leidenschaft.

Vierwaldstätter See

Die Barke gleitet sanft dahin,
Kein Föhn stört die liebliche Fahrt. –
Hier haltet, Freunde, Schiffer! –
Die kleine Wiese hier,
Dies grüne Fleckchen Rütli,
Ist eine heilige Stelle.
Hier war der Bund der freien Bauersmänner
Durch Handschlag bekräftigt,
Ein neues Alpengebirge
Der Zukunft aufgetürmt,
An dessen festen Mauern
Dereinst das mächtige Burgund
Zersplittern sollte. –
Dort steht des Tells Kapelle,
Vor ihr die große Platte im See,
Auf welche der kecke Waidmann sprang,
Und das Schifflein rückwärts in die Wellen stieß.

Wie klein und nah und heimisch Alles,
Was der Mensch hier aufgeschmückt,
Und wie unermesslich,
Was der Geist der Gebirge auferbaut!
Weise möcht ich sie nennen,
Die edeln Bauern und Jäger,
Dass kein prunkend Denkmal,
Keine Pyramide, kein phrasensprechender Tempel,
Kein Denkmal, das als Kunstwerk prahlen will,
Hier inmitten der Alpenwände
Dem Mythen gegenüber,
Wie zum Spott des großschaffenden Naturgeistes,
Hergezimmert ward:
Das nur predigen würde,
Wie klein im Stolz
Der Mensch ist, ewigen Gebilden gegenüber.

Am Achensee

Dort liegt der See! An seinem Wasserspiegel
Steht nicht der Ölbaum in der Sonne Glut,
Die Mandel blüht nicht rosenrot am Hügel,
Kein liederkranker Schwan schläft auf der Flut.

Dort liegt der See! In seinen Wellen baden
Sich keine Städte, spiegelt sich kein Dom,
Durch seine Wasser zieht den Silberfaden
Kein durch das Lied und Schwert verklärter Strom.

Dort liegt der See! Auf jeder Uferstelle
Stehn aber Berge, Riesenhüter, Wacht,
Noch unentweiht, jungfräulich jede Welle,
Ist rein der See, wie Tau der Frühlingsnacht;

Ist der Smaragd in der granitnen Krone,
Um die Tirol den Eichenkranz sich wand;
Drum liegt er hoch, wie keine andre Zone
Ein Wasser hat im Alpenblumenland.

Um seine Ufer blühen Alpenrosen;
Das Lied des nahen Senners tönt ins Ohr,
Der Schaum der Wellen glänzt – welch süßes Tosen,
Als tauchten Wasserlilien empor.

Wohlan, ihr schönen Mädchen aus der Ferne,
Das Ruder schlägt! Steigt in den leichten Kahn!
Zwei Dinge gibt's: die Wellen und die Sterne,
Die ziehn das Herz unwiderstehlich an.

Das Schifflein schwankt – ihr denkt wohl eurer Lieben!
O, fürchtet nichts! Seht nur die klare Flut:
Die grünen Wellen können sich nicht trüben,
Solange auf den Bergen wohnt der Mut.

Was taucht dort, weiß wie Silber, auf und nieder?
Von dorther ruft's anstatt des Lebewohls:
»Vergesst nicht meine Berge, meine Lieder,
Nicht meinen See, das Kronjuwel Tirols!«

Wanderklänge vom Gardasee

1. Bergstraße bei Riva

Den steilen Bergpass rollt hinab
Der leichte Reisewagen,
Und lustig schallt der Rosse Trab,
Die uns gen Süden tragen!

Hoch sprüht des Bergbachs weißer Schaum
Durch kühne Felsenengen,
Und üppiger stets vom Wegessaum
Die Trauben niederhängen.

Ein Heil'genbild, ein alt Kastell,
Da – durch des Tores Bogen
Sehn wir zu Füßen morgenhell
Den See von Garda wogen.

Auf jeden Felsen ist gedrückt
Des Südens Sonnensiegel;
Die Gipfel schaun sich an beglückt
Im tiefazurnen Spiegel.

STEFAN ZWEIG

Alpenglühen am Zürichsee

Wer rief dies Bild, das plötzlich in den Rahmen
Des Fensters mit dem goldnen Winde glitt?
Still ruft's mich an. Und schon weiß ich den Namen:
Es ist der Herbst und meint auch Abschied mit.

Die Berge, die tagsüber Himmel waren,
Wie glühn sie nah im abgeteilten Licht!
Oh hier wie immer fühlt man: In dem Klaren
Ist schon ein Teil Vergängnis und Verzicht,

Und fühlt, es wäre gut, noch einmal leiser
Als sonst den Vesperweg talab zu gehn,
Da sich die Abende im Herbst verfrühen,

Und eh es dunkelt noch aus all den Häusern,
Die westwärts Feuer aus den Fenstern sprühen,
Sich Sommersonne in das Herz zu sehn.

Am See

Leise wie ein Traumgesicht
Hält Erinn'rung mich umfangen,
Leise, wie die Morgenluft
Mir umspielet Stirn und Wangen.

Und der klare, blaue See
Blickt mich an wie Menschenaugen,
Dass ich möchte tief hinab
Mich in seine Fluten tauchen.

Und der Alpenspitzen Glanz
Blickt mich an wie Menschenherzen,
Die so schroff und eisig kalt
Lohnen dem mit tausend Schmerzen,

Der sich ihnen froh genaht,
Da im ros'gen Alpenglühen
Sie, von fremdem Licht umstrahlt,
Schienen lebenswarm zu blühen.

O, Erinn'rung! flieh hinweg
Von den falschen Alpenhöhen,
Wasche in der blauen Flut
Dich gesund von allen Wehen!

Such in ihrem feuchten Glanz
Jener Augen treue Klarheit,
Die du frei noch lieben kannst,
Und die stets dir blickten Wahrheit!

FRIDERIKE BRUN

Zu singen am Alpen-See

Stät, wie diese tiefe Welle,
  Ihres Ursprungs Fels umfließt,
Rein, wie ihres Stromes Quelle
  Aus dem Eisfeld sich ergießt,
Kühn, wie jene himmelsnahen,
  Hehren Berge ewiglich
Diesen Alpen-See umfahen,
  Liebet meine Seele dich!

Immerdar um dich geschlungen
  Sind Gedanke, Geist und Herz;
Doch mit der Erinnerungen
  Wonne kämpft der Trennung Schmerz!
Also steigt aus hellen Fluten
  Schnell ein Nacht-Orkan empor,
Und des Abends Rosengluten
  Trübt der ferne Regenflor.

Und so strebt zur nahen Mündung
  Meines Lebens Bächlein hin!
Tiefer stets wogt die Empfindung,
  Stille scheint's dem äußern Sinn!
Lieb' und Schmerz und Wonn' entbinden
  Mich so leis und mildiglich,
Und der leichten Hüll' entwinden
  Seel' und Geist voll Sehnsucht sich!

Bodensee

Die Dörfer sind wie im Garten.
In Türmen von seltsamen Arten
klingen die Glocken wie weh.
Uferschlösser warten
und schauen durch schwarze Scharten
müd auf den Mittagsee.

Und schwellende Wellchen spielen,
und goldene Dampfer kielen
leise den lichten Lauf;
und hinter den Uferzielen
tauchen die vielen, vielen
Silberberge auf.

Der See

In tausend farben schillert der see
Er spiegelt das bild auf dem wolkenbau
Das die halb schon verborgene fee
    Hat zaubrisch entrollt:
    Von lichtgrün zu blau
    Von purpur zu gold
Die farben ineinanderfließen
    Im bilde still schimmernd
    Im spiegel rasch flimmernd.
Zur seite stehen die mächtigen riesen
    Sie schaun in den see
Durch dunkle stahlgewande verschönt
    Mit glänzendem schnee
    Die trotzigen nacken
Und die trotzigen häupter gekrönt.

Im hintergrund liegen bleigrau die wogen
Und ganz in der ferne des eisgebirgs zacken
Von Einem blassen schein überzogen –
    Die linke dunkelnd
    Lastend und schwül
    Die rechte funkelnd
    In buntem spiel.
Darüber ein heiliger friede ruht
Der friede der berge der wolken der flut.

Bergsee

Wie ist der See zur Mittagstund
Glasklar und wasserrein.
Komm, wirf den kleinsten Kieselstein
Ihm in das grüne Herz hinein,
Du siehst ihn bis zum Grund.

So ist mein Herz für dich bereit
Glasklar und wasserrein.
Komm, schau getrost und tief hinein,
Und was du siehst ist dein, ist dein
In alle Ewigkeit.

Zu meinen Füßen spielt ein kühler See,
  sehr still und tief, wo bunte Fische springen,
  und sanfte Berge grün umkränzen ihn,
  die voller Ruhe sind und dunkelm Walde.

Und wenn ein Wind kommt, schwanken alle Blätter,
  und wenn ein Wind kommt, blitzen viel mehr Lichter,
  und wenn ein Wind kommt, geht ein feines Klingen
  von stillen Kirchen ferne über See,
  von einem, der im Kahn singt über See,
  wer weiß es? niemand kann das alles wissen!

Es steigt ein Licht: Da schimmert alle Luft!
  und alle Berge stehen hoch in Glanz
  und werden bald in Schimmer ganz ertrinken,
  und jetzt ist Mittag: Dann wird Abend sein.

O höbe sich aus diesem kühlen See
  aus Dunst und Silber wunderbar verwoben
  und wie ein Schleier zart ein liebes Bild
  und rührt' mit Fingern schillernd mir die Stirne,
  aufseufzend dann zerginge meine Seele
  gleich einem dünnen Rauch in Mittagsglanz.

Fahrt auf dem See

Sich wandelnd mit des Bootes Gleiten
erfrischt den Blick Laub, Schilf und See

JOSEPH VICTOR VON SCHEFFEL
Seefahrt

Will des Lebens Sorge ihr düster Grau
Dir zeigen in spätern Jahren,
So denk an die Insel Reichenau
Und wie wir zum Festland gefahren!

Grün wogte die Welle, leicht tanzte das Boot,
Harmonisch erklangen die Lieder –
Ein Hauch von jenem Seeabendrot
Erlischt in der Seele nicht wieder.

JOHANN WOLFGANG GOETHE
Auf dem See

[Spätere Fassung]

Und frische Nahrung, neues Blut
Saug ich aus freier Welt;
Wie ist Natur so hold und gut,
Die mich am Busen hält!
Die Welle wieget unsern Kahn
Im Rudertakt hinauf,
Und Berge, wolkig himmelan,
Begegnen unserm Lauf.

Aug, mein Aug, was sinkst du nieder?
Goldne Träume, kommt ihr wieder?
Weg, du Traum, so gold du bist:
Hier auch Lieb' und Leben ist.

Auf der Welle blinken
Tausend schwebende Sterne,
Weiche Nebel trinken
Rings die türmende Ferne;
Morgenwind umflügelt
Die beschattete Bucht,
Und im See bespiegelt
Sich die reifende Frucht.

Lied auf dem Wasser zu singen

Für meine Agnes

Mitten im Schimmer der spiegelnden Wellen
    Gleitet, wie Schwäne, der wankende Kahn;
Ach, auf der Freude sanft schimmernden Wellen
    Gleitet die Seele dahin wie der Kahn;
Denn von dem Himmel herab auf die Wellen
    Tanzet das Abendrot rund um den Kahn.

Über den Wipfeln des westlichen Haines,
    Winket uns freundlich der rötliche Schein;
Unter den Zweigen des östlichen Haines
    Säuselt der Kalmus im rötlichen Schein;
Freude des Himmels und Ruhe des Haines
    Atmet die Seel' im errötenden Schein.

Ach, es entschwindet mit tauigem Flügel
    Mir auf den wiegenden Wellen die Zeit.
Morgen entschwinde mit schimmerndem Flügel
    Wieder wie gestern und heute die Zeit,
Bis ich auf höherem strahlenden Flügel
    Selber entschwinde der wechselnden Zeit.

FRIEDRICH THEODOR VISCHER
Kahnfahrt

Es sinkt der Tag; still wird es weit und breit. –
   Auf flüsternder, auf kühler Wasserbahn
   Trägt leis zwei Menschen hin ein leichter Kahn,
Zwei stille Menschen, still vor Seligkeit.

Der Mann ergreift des Weibes zarte Hand
   Und spricht, indem er nah zu ihr sich bückt,
   Der Stimme Zittern mühsam unterdrückt,
Mühsam die Träne, die im Aug ihm stand:

»O möge keines von uns zweien doch
   Je wiedersehn dies Land und diesen See,
   Das Herz zerrissen von der Trennung Weh!«
Schon war es Nacht. Wir schwiegen. Weißt du's noch?

EMANUEL GEIBEL

Auf dem See

Nun fließt die Welt in kühlem Mondenlicht,
Die Berge sind in weißem Duft versunken;
Der See, der leis um meinen Kahn sich bricht,
Spielt fern hinaus in irren Silberfunken,
Doch sein Gestad erkenn ich nicht.
Wie weit! Wie still! Da schließt in mir ein Sinn
Sich auf, das Unnennbarste zu verstehen;
Uralte Melodien gehen
Durch meine Brust gedämpft dahin.
Es sinkt, wie Tau, der Ewigkeit Gedanke
Kühl schauernd über mich und füllt mich ganz,
Und mich umflutet sonder Schranke
Ein uferloses Meer von weißem Glanz.

KLARA MÜLLER-JAHNKE
Auf dem Zernsee

Schön bist du auch im fahlen Glanze,
im Nebelschleier licht wie Schnee,
in hoher Pappeln Silberkranze,
du Traum der Mark, mein Havelsee!

Wie schmiegt ein Mantel – weich und lüstern –
rotgoldnes Rohr der Flut sich an!
Der Binse braune Rispen flüstern
und schmeicheln sanft um meinen Kahn.

Da plötzlich schrillt wie lautes Weinen
ein Schwanenschrei durch all die Pracht;
ein blau geheimnisvolles Scheinen
erleuchtet deiner Tiefe Nacht.

Und schwirrend hebt der Ost die Flügel,
die letzten Schleier löst er bald –
aufflammend grüßt vom Uferhügel
sein buntes Bild der Apfelwald.

So hat ein Himmelshauch entsiegelt
des Herbstes Fülle auch für mich,
und meiner Tage Reife spiegelt
in deinem klaren Auge sich.

WILHELM LEHMANN
Fahrt über den Plöner See

Es schieben sich wie Traumkulissen
Bauminseln stets erneut vorbei,
Als ob ein blaues Fest uns rufe,
Die Landschaft eine Bühne sei.

Sich wandelnd mit des Bootes Gleiten
Erfrischt den Blick Laub, Schilf und See:
Hier könnte Händels Oper spielen,
Vielleicht Acis und Galathee.

Die Finger schleifen durch die Wasser,
Ein Gurgeln quillt um Bordes Wand,
Die Ufer ziehn wie Melodieen,
Und meine sucht nach deiner Hand.

Wenn alle nun das Schifflein räumen,
Wir endigen noch nicht das Spiel.
Fährmann! die runde Fahrt noch einmal!
Sie selbst, ihr Ende nicht, das Ziel.

Es schieben sich wie Traumkulissen
Bauminseln stets erneut vorbei,
Als ob ein blaues Fest uns rufe,
Die Landschaft eine Bühne sei.

Sich wandelnd mit des Bootes Gleiten
Erfrischt den Blick Laub, Schilf und See:
Wir dürfen Händels Oper hören,
Man gibt Acis und Galathee.

Wir sehen, was wir hören, fühlen,
Die Ufer *sind* die Melodien.
Bei ihrem Nahen, ihrem Schwinden,
Wie gern mag uns das Schifflein ziehn!

Dort schwimmt bebuscht die Prinzeninsel,
Hier steigt die Kirche von Bosau –
Wir fahren durch den Schreck der Zeiten,
Beisammen noch, geliebte Frau.

Heißt solcher Übermut vermessen?
Rächt sich am Traum der harte Tag?
Muß seine Eifersucht uns treffen,
Wie den Acis des Riesen Schlag?

Die Götter sind nicht liebeleer –
Was ihr den beiden tatet, tut!
Die Nymphe flüchtete ins Meer,
Acis zerrann zu Bachesflut.

WILHELM WAIBLINGER
Auf dem Lago Maggiore

Deine Ufer, o See, mit ihren Bergen und Wäldern,
   Wie im heiteren Hauch himmlischer Schöne sie blühn!
Zauberisch wiegst du das Blau in dir und den Purpur
         des Himmels,
   Und der bewegliche Kahn schaukelt im wallenden Glanz.
Dunkel in schwellendem Samt entschweben dem Bade
         die Hügel,
   Und ins verglühende Rot spielt die Olive hinein.
Aber über dem Schwarz der Hügel in mondlicher Bläue
   Senkst du das Riesenbild, herrlicher Rosa, hinab.
Unbeschreibliches Reich des vollendeten Lebens, ihr webet,
   Heitere Töchter des Lichts, Farben, das himmlische Spiel.
Denn im sonnigen Grün und der schmachtenden Bläue
         des Auges
   Gaukeln, wie Schwäne, des Golds Wundergebilde dahin.
Und wie's ruht auf den Bergen, im See und im
         lachenden Himmel
   Ruht auch ein schönerer Geist freundlicher wieder in mir.

Die Kähne fuhren zu Berge mit halbem Wind …

Die Kähne fuhren zu Berge mit halbem Wind,
Seit Mitternacht zogen sie über die Seen,
Das Wasser lief vor ihnen her mit leichtem Wehen,
Die Frühlingsluft kam von den Wäldern lind.

Am Borde gingen die Schiffer im gleichen Takt.
Herauf und herab von Kielen zu Kielen.
Mit den Stangen stachen sie in den Grund und sie fielen
Mit der Brust über Bord und hielten die Stangen gepackt.

Da waren Frauen und Männer mit braunem Gesicht.
Ihre Augen waren erloschen und matt und stumpf.
Endlos bogen sie sich und schoben der Kähne Rumpf
Zoll für Zoll durch die Flut und merkten die Stunden nicht.

Da waren noch Knaben und barhäuptige Greise,
Deren weißer Bart in den Stangen sich fing,
Wenn schwer das Haupt auf die Brust ihnen hing.
Manche summten ein Lied, dumpf, eintönig und leise.

Aber ein Kind saß im Boot, von den schwarzen
                Kähnen gezogen.
Es brach sich Seerosen mit der spielenden Hand.
Und da der Mittag trat sengend ins Land,
Fuhr es ein in des kühlen Walds schattige Bogen.

RUDOLF G. BINDING

Ruderfahrt

Warum, Geliebte, durft ich dich heute nicht küssen!
Bin doch deinen Lippen so nahe gewesen
da ich vom gleitenden Sitze die Ruder führte.
Aber ins Wasser, ins gleitende Wasser grub ich
all meine Kräfte.

Nahte ich tausendmal dem lockenden Munde,
weit eintauchend die Schaufeln mit offenen Armen,
unerbittlich trugen die schweigenden Ruder,
trug die eigene Kraft mich wieder von hinnen.
Lachende Wirbel tanzten hinter dem Boot.

Leiser werden sie lachen, müder sich drehen –
Warte meiner. Am Abend werd ich dich küssen
wenn sie ruhen, die schweifenden Ruder, im Kahn.

OSKAR LOERKE

Ergebung

Zur Stunde, da sich in Luv und Lee
Die tropfenden Feuer aus den Himmeln sammeln
(Die Schlächter warten), naht vom Gardasee
Das breite stille Schiff mit den Hammeln.

Du bist betrübt, dir würgt in der Kehle der Laut,
Der mit sich nähme die abgewälzte Erde –
Da schwebt sie schon: Im Gegenwind schaudert die Haut
Uns beiden und ihr, der warm uns umdrängenden Herde.

Träumerei auf einem Havelsee

Ich bin Prokurist einer Wäschefabrik,
Sternberg, Guttmann & Sohn.
Mein Segelboot heißt »Heil und Sieg«,
zwei Stunden lieg ich hier schon
   und seh auf die Kiefern und in das Wasser hinein –
     auf meinem Boot ganz allein.

Urlaub hatte ich im August,
ich war in Norderney,
mit Lilly ... ihre linke Brust
sieht aus wie ein kleines Ei.
   Wenn man sie da kneift, dann wird sie gemein –
     auf meinem Boot ganz allein.

Graske ist ein gemeiner Hund,
ein falsches Aas – er tut bloß so ...
er weiß, der Alte ist nicht ganz gesund;
wenn man's merkt, bleibt er länger im Büro.
   Und dem Junior kriecht er jetzt auch hinten rein –
     auf meinem Boot ganz allein.

Mutter wird alt. Wie alt ... warte mal:
vierundsechzig, nein: achtundsechzig, genau.
Grete soll ganz still sein; sie pöbelt mit ihrem Personal
wie eine Schlächtersfrau.
   Ich frage mich: Muss eigentlich Verwandtschaft sein?
     auf meinem Boot ganz allein.

Das ist meine liebste Erholungszeit,
   auf meinem Boot ganz allein.
Kein Mensch ist zu sehen weit und breit –
   kann man einsamer sein?
Eine Welle gluckst. Ich bin einsam. Zwar
   die Inventur beginnt morgen,
und wie die Sirenen mit schwimmendem Haar
   ziehen im See meine Sorgen:

     Lilly, Mama und die Wäschefabrik,
     die Reparatur von »Heil und Sieg«,
     Graske und Ottmar, der Egoist;
     wer im Silbenrätsel »Fayence-Maler« ist –;
     der Krach mit dem Chef von der Expedition;
     die Weihnachtsgratifikation –
     sonst aber schwimme ich hier im märkischen
          Sonnenschein –
       auf meinem Boot ganz allein.

Nixenzauber

In dem See die Wassermuhmen
wollen ihr Vergnügen haben

FRIEDRICH SCHILLER

Fischerknabe

Aus *Wilhelm Tell*

Es lächelt der See, er ladet zum Bade,
Der Knabe schlief ein am grünen Gestade,
   Da hört er ein Klingen,
   Wie Flöten so süß,
   Wie Stimmen der Engel
   Im Paradies.
Und wie er erwachet in seliger Lust,
Da spülen die Wasser ihm um die Brust,
   Und es ruft aus den Tiefen:
   Lieb Knabe, bist m e i n !
   Ich locke den Schläfer,
   Ich zieh ihn herein.

THEODOR FONTANE
Der Wettersee

Die Sonne sinkt in den Wettersee;
Da steigt – mit dem Neck und der Wasserfee –
Von Gold und Rubin, aus des Sees Gruft,
Ein Schloss an die abendgerötete Luft.

Der Mond geht auf und es blassen Rubin
Und Gold zu Silber und Aquamarin,
Und hervor aus dem Schloss und hinaus zum Tanz
Lockt die Nixen der Mondesglanz.

Teichrosen flechten sie, draußen im Saal,
Um Stirn und Nacken sich allzumal,
Als bangte jede, des Mondes Licht
Selbst könne bräunen ihr Angesicht.

Dann schlingen sie Tänze, dann tönt ihr Gesang
Zu Neckens melodischem Saitenklang,
Bis blasser das scheidende Mondlicht blinkt
Und Schloss und Neck und Nixe versinkt.

Der Fischer

Das Wasser rauscht', das Wasser schwoll,
Ein Fischer saß daran,
Sah nach der Angel ruhevoll,
Kühl bis ans Herz hinan.
Und wie er sitzt, und wie er lauscht,
Teilt sich die Flut empor;
Aus dem bewegten Wasser rauscht
Ein feuchtes Weib hervor.

Sie sang zu ihm, sie sprach zu ihm:
»Was lockst du meine Brut
Mit Menschenwitz und Menschenlist
Hinauf in Todesglut?
Ach wüsstest du, wie's Fischlein ist
So wohlig auf dem Grund,
Du stiegst herunter, wie du bist,
Und würdest erst gesund.

Labt sich die liebe Sonne nicht,
Der Mond sich nicht im Meer?
Kehrt wellenatmend ihr Gesicht
Nicht doppelt schöner her?
Lockt dich der tiefe Himmel nicht,
Das feuchtverklärte Blau?
Lockt dich dein eigen Angesicht
Nicht her in ew'gen Tau?«

Das Wasser rauscht', das Wasser schwoll,
Netzt' ihm den nackten Fuß;
Sein Herz wuchs ihm so sehnsuchtsvoll,
Wie bei der Liebsten Gruß.
Sie sprach zu ihm, sie sang zu ihm;
Da war's um ihn geschehn:
Halb zog sie ihn, halb sank er hin,
Und ward nicht mehr gesehn.

Der stille Grund

Der Mondenschein verwirret
Die Täler weit und breit,
Die Bächlein, wie verirret,
Gehn durch die Einsamkeit.

Da drüben sah ist stehen
Den Wald auf steiler Höh,
Die finstern Tannen sehen
In einen tiefen See.

Ein Kahn wohl sah ich ragen,
Doch niemand der es lenkt,
Das Ruder war zerschlagen,
Das Schifflein halb versenkt.

Eine Nixe auf dem Steine
Flocht dort ihr goldnes Haar,
Sie meint', sie wär alleine,
Und sang so wunderbar.

Sie sang und sang, in den Bäumen
Und Quellen rauscht' es sacht
Und flüsterte wie in Träumen
Die mondbeglänzte Nacht.

Ich aber stand erschrocken,
Denn über Wald und Kluft
Klangen die Morgenglocken
Schon ferne durch die Luft.

Und hätt ich nicht vernommen
Den Klang zu guter Stund:
Wär nimmer mehr gekommen
Aus diesem stillen Grund.

Das versunkene Kloster

Ein Kloster ist versunken
Tief in den wilden See,
Die Nonnen sind ertrunken
Zusamt dem Pater, weh!
Der Nixen muntre Scharen,
Sie schwimmen stracks herbei,
Nun einmal zu erfahren,
Was in den Mauern sei.

Das plätschert und das rauschet
In Kreuzgang und Dorment!
Am Lokutorium lauschet
Der schäkernde Konvent;
Man hört Gesang im Chore
Und lustig Orgelspiel;
Das Glöcklein ruft zur Hore,
Wann's ihnen just gefiel.

Bei heitrem Vollmondglanze
Lockt sie der grüne Strand
Zu einem Ringeltanze
In geistlichem Gewand;
Die weißen Schleier flattern,
Die schwarzen Stolen wehn,
Die Kerzenflämmchen knattern,
Wie sie im Sprung sich drehn.

Der Kobold dort im Schutte
Der hohlen Felsenwand,
Er nimmt des Paters Kutte,
Die er am Ufer fand;
Die Tänzerinnen schreckend
Kommt er zur Mummerei,
Sie aber tauchen neckend
Hinab in die Abtei.

Wassermuhmen

In dem See die Wassermuhmen
Wollen ihr Vergnügen haben,
Fangen Mädchen sich und Knaben,
Machen Frösche draus und Blumen.

Wie die Blümlein zierlich knicksen,
Wie die Fröschlein zärtlich quaken,
Wie sie flüstern, wie sie schnacken,
So was freut die alten Nixen.

AUGUST SCHNEZLER

Vom Mummelsee im Schwarzwald

Die Lilien

Im Mummelsee, im dunklen See,
Da blühn der Lilien viele,
Sie neigen sich, sie beugen sich,
Dem losen Wind zum Spiele;
Doch wenn die Nacht herniedersinkt,
Der volle Mond am Himmel blinkt,
Entsteigen sie dem Bade
Als Jungfern ans Gestade.

Es braust der Wind, es saust das Rohr
Die Melodie zum Tanze:
Die Lilienmädchen schlingen sich
Als wie zu einem Kranze;
Und schweben leis umher im Kreis,
Gesichter weiß, Gewänder weiß,
Bis ihre bleichen Wangen
Mit zarter Röte prangen.

Es braust der Sturm, es saust das Rohr,
Es pfeift im Tannenwalde,
Die Wolken ziehn am Monde hin,
Die Schatten auf der Halde;
Und auf und ab durchs nasse Gras,
Dreht sich der Reigen ohne Maß,
Und immer lauter schwellen
Zum Ufer an die Wellen

Da hebt ein Arm sich aus der Flut,
Die Riesenfaust geballet,
Ein triefend Haupt dann, schilfbekränzt,
Von langem Bart umwallet,
Und eine Donnerstimme schallt,
Dass im Gebirg es widerhallt:
»Zurück in eure Wogen,
Ihr Lilien ungezogen!«

Da stockt der Tanz, die Mädchen schrei'n,
Und werden immer blässer:
Der Vater ruft: »Puh! Morgenluft!
Zurück in das Gewässer!«
Die Nebel steigen aus dem Tal,
Es dämmert schon der Morgenstrahl
Und Lilien schwanken wieder
Im Wasser auf und nieder.

RICARDA HUCH

Einsame Nixe

Oft, wenn es dunkelte, hob aus dem Teich sich die
                reizende Nixe
Halben Leibs; es rieselte sacht von den schilfigen Haaren.
Mondengleich beschien ihre weiße Brust die Gebüsche,
Erlen und Weiden umher, sie leuchteten hell vor den
                andern,
Und es schimmerten feucht ihre Augen wie Perlen
                des Meeres.
Nichts bekümmerte sie, die alles von Anfang gesehen.
Wundersam nun erscholl ihre süße, kristallene Stimme
Leicht wie Luft. Und sie sang von den herrlichen Wundern
                der Schöpfung,
Sang von des Schicksals Gewalt und dem dunklen
                Geheimnis des Todes.
Bald wie Akkorde der Harfe ertönten die Zaubergesänge,
Bald, wie ihr zärtliches Lied die klagende Nachtigall flötet.
Aber niemand hörte die Einsame; träumerisch lauschte
Nur die heilige Nacht, es lauschten die ewigen Sterne.

GUSTAV FALKE
Das Nixchen

Ein Nixchen ist ans Land geschwommen,
Steht unter einem Blütenbaum,
Die warmen Sommerwinde kommen
Und trocknen ihr den feuchten Saum.

Mit großen Augen sieht die Kleine
Stumm in die heiße Flimmerglut;
Wie wird in all dem Sonnenscheine
Dem Nixchen wunderlich zumut.

In ihre kühle Mädchenkammer
Fällt nur ein ganz gedämpftes Licht,
Als wie durch einen langen Jammer
Ein schwacher Strahl der Hoffnung bricht.

Hier aber ist ein Gleiß und Glimmer,
Ihr tun davon die Augen weh;
Doch reglos steht sie, staunt nur immer,
Die kleine blonde Wellenfee.

Auf einmal fängt sie an zu weinen,
Weiß nicht warum, weint leis sich aus,
Und schlüpft dann auf behänden Beinen
Zurück ins kühle Wasserhaus.

GOTTFRIED KELLER

Winternacht

Nicht ein Flügelschlag ging durch die Welt,
Still und blendend lag der weiße Schnee.
Nicht ein Wölklein hing am Sternenzelt,
Keine Welle schlug im starren See.

Aus der Tiefe stieg der Seebaum auf,
Bis sein Wipfel in dem Eis gefror;
An den Ästen klomm die Nix herauf,
Schaute durch das grüne Eis empor.

Auf dem dünnen Glase stand ich da,
Das die schwarze Tiefe von mir schied;
Dicht ich unter meinen Füßen sah
Ihre weiße Schönheit Glied um Glied.

Mit ersticktem Jammer tastet' sie
An der harten Decke her und hin,
Ich vergess das dunkle Antlitz nie,
Immer, immer liegt es mir im Sinn!

Nixe Binsefuß

Des Wassermanns sein Töchterlein
Tanzt auf dem Eis im Vollmondschein,
Sie singt und lachet sonder Scheu
Wohl an des Fischers Haus vorbei.

»Ich bin die Jungfer Binsefuß,
Und meine Fisch' wohl hüten muss,
Meine Fisch' die sind im Kasten.
Sie haben kalte Fasten;
Von Böhmerglas mein Kasten ist,
Da zähl ich sie zu jeder Frist.

Gelt, Fischermatz? gelt, alter Tropf,
Dir will der Winter nicht in Kopf?
Komm mir mit deinen Netzen!
Die will ich schön zerfetzen!
Dein Mägdlein zwar ist fromm und gut,
Ihr Schatz ein braves Jägerblut.

Drum häng ich ihr, zum Hochzeitstrauß,
Ein schilfen Kränzlein vor das Haus,
Und einen Hecht, von Silber schwer,
Er stammt von König Artus her,
Ein Zwergen-Goldschmieds-Meisterstück,
Wer's hat, dem bringt es eitel Glück:
Er lässt sich schuppen Jahr für Jahr,
Da sind's fünfhundert Gröschlein bar.

Ade, mein Kind! Ade für heut!
Der Morgenhahn im Dorfe schreit.«

FRED ENDRIKAT

Abend am Wasser

Gütig streicht der Abendwind
übers Schilf, liebkost die Wellen.
Fischlein schon zu Bette sind,
friedlich schlummern die Libellen.
Schläfrig lässt der Weidenbaum
seine müden Zweige hangen.
Binsen wispern wie im Traum,
und der Mond ist aufgegangen.
Nur ein Wassernixlein froh
sitzt auf einem Wasserröslein,
sucht nach einem Wasserfloh
in dem feuchten Wasserhöslein.

Seegetier

O stiller See, bewegt vom Ruderklang
des Schwanes, der die feuchten Kreise zieht

JOACHIM RINGELNATZ
Im See

Der Häring erzählt zur nächtlichen Zeit
Dem Walfisch die letzte Neuigkeit:

Frau Aal hat neulich den Hummer geneckt,
Indem sie ihn aus dem Schlummer geweckt.

Da gab es einen großen Disput.
Der Hummer fauchte und kochte vor Wut
Und weil er kochte, so wurde er rot
Und als er rot war, da war er schon tot.

»Ja«, seufzet der Walfisch und weint gar sehr,
»Ja, tote Hummer, die leben nicht mehr.«

JOHANNES R. BECHER

Schmetterlinge überm See

Schmetterlinge wehend überm See,
Tanz von Blüten auf den sanften Wellen.
Sind die Pünktchen, diese zarten, hellen,
Winterboten und ein Flaum von Schnee?

Herbstgeflüster, Kühle in den Winden.
Blätter raunen: Zeit, vergeh, verweh!
Sommers Trost: daß er uns im Entschwinden
Schmetterlinge sendet übern See.

Trostgeläut in der Trostlosigkeit.
Blüten wehen, und schon ein Erstarren.
Zeit, wie zauberhaft und hoffnungslos ...

Keine Zeit kann in sich selbst verharren,
Jede sagt sich von der andern los
Und will ihre Zeit sein – diese Zeit.

GOTTHOLD EPHRAIM LESSING
Die Ente

Ente, wahres Bild von mir,
Wahres Bild von meinen Brüdern!
Ente, jetzo schenk ich dir
Auch ein Lied von meinen Liedern.

Oft und oft muss dich der Neid
Zechend auf dem Teiche sehen.
Oft sieht er aus Trunkenheit
Taumelnd dich in Pfützen gehen.

Auch ein Tier – – o das ist viel!
Hält den Satz für wahr und süße,
Dass, wer glücklich leben will,
Fein das Trinken lieben müsse.

Ente, ist's nicht die Natur,
Die dich stets zum Teiche treibet?
Ja, sie ist's; drum folg ihr nur,
Trinke, bis nichts übrig bleibet.

Ja, du trinkst und singst dazu.
Neider nennen es zwar schnadern;
Aber, Ente, ich und du
Wollen nicht um Worte hadern.

Wem mein Singen nicht gefällt,
Mag es immer Schnadern nennen.
Will uns nur die neid'sche Welt
Als versuchte Trinker kennen.

Aber, wie bedaur ich dich,
Dass du nur musst Wasser trinken.
Und wie glücklich schätz ich mich,
Wenn mir Weine dafür blinken!

Armes Tier, ergib dich drein.
Lass dich nicht den Neid verführen.
Denn des Weins Gebrauch allein
Unterscheidet uns von Tieren.

In der Welt muss Ordnung sein,
Menschen sind von edlern Gaben.
Du trinkst Wasser, und ich Wein:
So will es die Ordnung haben.

Das Huhn und der Karpfen

Auf einer Meierei
Da war einmal ein braves Huhn,
Das legte, wie die Hühner tun,
An jedem Tag ein Ei
Und kakelte,
Mirakelte,
Spektakelte,
Als ob's ein Wunder sei!

Es war ein Teich dabei,
Darin ein braver Karpfen saß
Und stillvergnügt sein Futter fraß,
Der hörte das Geschrei:
Wie's kakelte,
Mirakelte,
Spektakelte,
Als ob's ein Wunder sei.

Da sprach der Karpfen: »Ei!
Alljährlich leg ich 'ne Million
Und rühm mich dess' mit keinem Ton;
Wenn ich um jedes Ei
So kakelte,
Mirakelte,
Spektakelte –
Was gäb's für ein Geschrei!«

AUGUST HEINRICH HOFFMANN VON FALLERSLEBEN

Der Reiher

Wenn spazieren geht der Reiher,
Denkt er über Manches nach:
Ob sich's besser fischt am Weiher
Oder besser noch am Bach.

Endlich hat er sich entschlossen,
Geht zum Weiher hin und fischt,
Und da weilt er unverdrossen,
Bis er einen Fisch erwischt.

Warten, das versteht er prächtig,
Langeweile kennt er nicht;
Was er tut, er tut's bedächtig,
Und Geduld ist seine Pflicht. –

Willst du irgendwas erringen,
Lern vom Reiher mancherlei,
Und Geduld vor allen Dingen
Bestens dir empfohlen sei.

FRANZ WERFEL
Schwäne

Aus tiefster Kindheit singt mir ein blasses Rinnseln
    Ein mattes Wasser heran.
    Der Parkteich klingt uferan,
    Der Wellchen werfende See
Mit falschen Fällen, Grotten, Buchten und Inseln.

Die Schwäne schweiften um künstliche Klipp und Felsen.
    Ihr Leib, verwoben dem Wasser-Sang,
    Zog langsam dahin und lang:
    Mit Schnäbeln nelkenrot
Fünf weiße Schwäne und zwei mit ganz schwarzen Hälsen.

Sie ritzten schön dem Spiegel der Weiher-Lagunen
    Schleifen, Achter und Zeichen ein.
    Im Kielwasser hinterdrein
    Schwankte rotblättriger Herbst,
Wiegten sich zart weißwolkige Flocken und Dunen.

Ein Kind belauschte die Fahrt mit sinkenden Sinnen.
    Ein anderes hat die Weißen gelockt.
    Doch sie verschmähten das Brotgebrock
    Mit herrlich hinschwebendem Hals.
Am Uferweg ratschten die Brezelhökerinnen.

Einst in nebliger Frühe zog eine Frauenleiche
Triefend der Wächter ins morsche Boot.
Und auf einmal war Tod,
Graus, Geheimnis, Fischaas-Geruch
In dem selig gekräuselten, leichten, dem Kinderteiche.

Das Wasser ging trüb. Mir im Traum noch.
Kein Ufergelächter.
Die Schwäne umzogen immerfort
In fernstem Bogen den Toten-Ort.
Fürsten begreifen den Abgrund nicht.
Weiße Hasser der Tiefe und Todes-Verächter

Kreisen die Reinen noch immer im Licht.

Der Hecht

Ein Hecht, vom heiligen Antōn
bekehrt, beschloss, samt Frau und Sohn,
am vegetarischen Gedanken
moralisch sich emporzuranken.

Er aß seit jenem nur noch dies:
Seegras, Seerose und Seegries,
Doch Gries, Gras, Rose floss, o Graus,
entsetzlich wieder hinten aus.

Der ganze Teich ward angesteckt.
Fünfhundert Fische sind verreckt.
Doch Sankt Antōn, gerufen eilig,
sprach nichts als: Heilig! heilig! heilig!

KURT SCHWITTERS

Stumm

Ein Wurm hängt am Angelhaken.
Ein Fisch beißt den Wurm.
Der Fisch beißt auch den Angelhaken.
Die Angel zieht den Fisch.
Nun hängt der Fisch an der Angel.
Die Angel zieht ihn in die Luft.
Der Fisch stirbt in der Luft.
Die Angel stirbt den Fisch.
Ein neuer Wurm hängt am Angelhaken.
Ein neuer Fisch beißt den neuen Wurm.
Und neues Leben blüht aus den Ruinen.

KARL KROLOW
Fische

Die bei Molch und Alge schliefen,
Sanft vom grünen Stein beschattet,
Traumerstarrt in blinden Tiefen,
Zeigen sich und drehn im schiefen
Licht die Schwärze, früh ermattet.

Ruhig leuchten ihre Flossen.
Wind kämmt die gelöste Welle.
Vogel kommt vorbeigeschossen.
Und sie stehen, zart gegossen,
In der jäh geweckten Helle.

Unkenruf aus Hollergräben
Tönt im Ohr wie ferne Trommel.
Weißling und Forelle schweben.
Und die glatten Kiemen beben.
Antwort gibt die dunkle Dommel.

Glänzt der gelbe Mond gebogen,
Regen sich geflammte Lurche,
Kommen Hecht und Barsch gezogen.
Vom Gestirne angesogen,
Wandern Aale durch die Furche.

Rundes Maul fährt aus den Fluten.
Blankes Wasser muß sich teilen.
Fischhaupt steigt in goldnem Gluten,
Wird am Angeldorne bluten,
Reusenmasche wird's ereilen.

Räuber, der im Boote lauert:
Messer zuckt schon in den Händen!
Kühler Gott im Schlamme kauert.
Hilflos sieht er's an und trauert,
Wie die Graugeschuppten enden.

FRANZ GRILLPARZER

Der Fischer

Hier sitz ich mit lässigen Händen,
In still behaglicher Ruh,
Und schaue den spielenden Fischlein
Im glitzernden Wasser zu.

Sie jagen und gehen und kommen;
Doch werf ich die Angel aus,
Flugs sind sie von dannen geschwommen,
Und leer kehr ich abends nach Haus.

Versucht ichs und trübte das Wasser,
Vielleicht geläng es eh;
Doch müßt ich dann auch verzichten,
Sie spielen zu sehen im See.

JOSEF GUGGENMOS
Zwiegespräch

Schon früh um fünf
war Gugummer munter
und ging bedacht
an den See hinunter.

Da sah er am Ufer
ein Wasserhuhn
auf den schaukelnden Wellen
andächtig ruhn.

Was sie sich erzählten,
weiß ich nicht,
doch er kam zurück
mit verklärtem Gesicht.

Wintersee

Der See hat eine Haut bekommen,
so dass man fast drauf gehen kann

PETER HUCHEL
Wintersee

Ihr Fische, wo seid ihr
mit schimmernden Flossen?
Wer hat den Nebel,
das Eis beschossen?

Ein Regen aus Pfeilen,
ins Eis gesplittert,
so steht das Schilf
und klirrt und zittert.

ANNETTE VON DROSTE-HÜLSHOFF
Ein harter Wintertag

[Aus dem Zyklus »Am Weiher«]

Dass ich dich so verkümmert seh,
Mein lieb lebend'ges Wasserreich,
Dass ganz versteckt in Eis und Schnee
Du siehst der plumpen Erde gleich;

Auch dass voll Reif und Schollen hängt
Dein überglaster Fichtengang:
Das ist es nicht, was mich beengt,
Geh ich an deinem Bord entlang.

Zwar in der immer grünen Zier
Erschienst, o freundlich Element,
Du ähnlich den Oasen mir,
Die des Arabers Sehnsucht kennt;

Wenn neben der verdorrten Flur
Erblühten deine Moose noch,
Wenn durch die schweigende Natur
Erklangen deine Wellen doch.

Allein auch heute wollt' ich gern
Mich des kristallnen Flimmers freun,
Belauschen jeden Farbenstern
Und keinen Sommertag bereun:

Wär nicht dem Ufer längs, so breit,
Die glatte Schlittenbahn gefegt,
Worauf sich wohl zur Mittagszeit
Gar manche rüst'ge Ferse regt.

Bedenk ich nun, wie manches Jahr
Ich nimmer eine Eisbahn sah:
Wohl wird mir's trüb und wunderbar,
Und tausend Bilder treten nah.

Was blieb an Wünschen unerfüllt,
Das nähm ich noch gelassen mit:
Doch ach, der Frost so manchen hüllt,
Der einst so fröhlich drüber glitt!

CHRISTIAN MORGENSTERN

Wenn's Winter wird

Der See hat eine Haut bekommen,
so dass man fast drauf gehen kann,
und kommt ein großer Fisch geschwommen,
so stößt er mit der Nase an.

Und nimmst du einen Kieselstein
und wirfst ihn drauf, so macht es klirr
und titsch – titsch – titsch – dirrrrrr.
Heißa, du lustiger Kieselstein!
Er zwitschert wie ein Vögelein
und tut als wie ein Schwälblein fliegen –
doch endlich bleibt mein Kieselstein
ganz weit, ganz weit auf dem See draußen liegen.

Da kommen die Fische haufenweis
und schaun durch das klare Fenster von Eis
und denken, der Stein wär etwas zum Essen;
doch so sehr sie die Nase ans Eis auch pressen,
das Eis ist zu dick, das Eis ist zu alt,
sie machen sich nur die Nase kalt.

Aber bald, bald, bald
werden wir selbst auf eignen Sohlen
hinausgehn können und den Stein wieder holen.

WILHELMINE GEISSLER

Der Rotsee

Ein Dämmerschein umhüllt die Erde,
In sanftem Schlummer liegt der See,
Es deckt sein dunkelbraunes Auge
Ein zartes Lid von Eis und Schnee.

Wie schwarze Wimpern stehn die Tannen,
Herabgelehnt an Ufers Saum,
Sie nicken leise und belauschen
Den wundersamen Wintertraum.

Es kommt ein seliges Erwachen,
Wenn einst die Träume rasch vergehn,
Auf stille Tränen folgt das Lachen,
Auf Todesnacht das Auferstehn.

Dann öffnet sich das dunkle Auge
Und blickt zur Höhe klar und weit,
Und spiegelnd malt sich in der Tiefe
Die himmlische Unendlichkeit.

FRIEDRICH GEORG JÜNGER

Winter am See

Der weisse Wald steht still und ohne Duft.
Die Ebene ist weit, das Land voll Schnee.
Kristallne Blumen fallen aus der Luft.
Durchs Fenster seh' ich den gefrornen See.

Wie eine schöne Riesin schläft das Land.
Die Hügel, einst so grün, sind rund und weiss.
Kein Feuer schmilzt, kein jäher Liebesbrand
Des Mädchens Brust, sie bleibt so kalt wie Eis.

Ich aber, ein Vesuv und feuerleicht,
Ich werfe Glut und hohe Flammen auf
Und eine Säule, die der Pinie gleicht.
Der rote Widerschein steigt hoch hinauf.

Will sehen, was ich weiß vom Büblein
auf dem Eis

Gefroren hat es heuer
Noch gar kein festes Eis.
Das Büblein steht im Weiher,
Und spricht so zu sich leis:
»Ich will es einmal wagen,
Das Eis, es muss doch tragen.«
　　　Wer weiß?

Das Büblein stampft und hacket
Mit seinem Stiefelein.
Das Eis auf einmal knacket,
Und krach, schon bricht's hinein.
Das Büblein platscht und krabbelt
Als wie ein Krebs, und zappelt
　　　Mit Arm und Bein.

O helft, ich muss versinken
In lauter Eis und Schnee,
O helft, ich muss ertrinken
Im tiefen, tiefen See.
Wär nicht ein Mann gekommen,
Der sich ein Herz genommen,
　　　O weh!

Der packt es bei dem Schopfe,
Und zieht es dann heraus,
Vom Fuße bis zum Kopfe
Wie eine Wassermaus.
Das Büblein hat getropfet,
Der Vater hat geklopfet
      Es aus,
      Zu Haus.

Eislauf

Auf spiegelndem Teiche
zieh ich spiegelnde Gleise.
Der Kauz ruft leise.
Der Mond, der bleiche,
liegt über dem Teiche.

Im raschelnden Schilfe,
da weben die Mären,
da lachet der Sylphe
in silbernen Zähren,
tief innen im Schilfe.

Hei, fröhliches Kreisen,
dem Winde befohlen!
Glückseliges Reisen,
die Welt an den Sohlen,
in eigenen Kreisen!

Vergessen, vergeben,
im Mondlicht baden;
hingaukeln und schweben
auf nächtigen Pfaden!
Sich selber nur leben!

Eisläuferin

Es lächelte des Eises grünsmaragdner Spiegel,
Wenn sie der Kunst verschlungne Zirkel zog
Mit schlankem Kinderleib, den sie wie eine Gerte bog,
Und mit der Füße silberblankem Flügel
Den Blitz der Flimmerfläche tanzend überflog.
Ihr Haar, in dem sich buhlerisch der Wind verfing,
Lag schwer von Gold. Doch köstlicher als aller Glanz im Haar,
Sie selber wusste nicht, wie schön sie war,
Und dass das Leuchten aller Augen
Berückt am Spiel so süßer Glieder hing.

ULLA HAHN
Fest auf der Alster

All das Eis wir schwelgen
im Winter unter der Sonne
Laufen auf Kufen im Kreis
und gradaus mit und gegen
und durch Licht und Wind.
Alte Ehepaare ziehn sich
noch enger zusammen
Vater und Mutter kreisen
in hohem Bogen ums Kind.
Wippende Mädchen im heiratsfähigen Alter
lächeln aus der Hüfte heraus gutaus
staffierte Lilien in kühnen Kurven
kreuzen ihre Herzensmänner das Feld.
Sogar silbrige Herren und Damen geraten
ins Schleudern der Hut fliegt vom Kopf
der Hund rutscht hinterdrein
wittert Glühwein auf Eis.
Übermütig lächeln wir alle verschworene
Kinder die vom selben Süßen genascht
Werfen Lächeln wie Bälle uns zu
durch die lächelnde Luft. Lächeln
als gäbe es nichts zu bestehn
als den nächsten Schritt als geschähe
nur was wir im voraus schon sehn
bis an den Horizont von
Brücken Kirchen und Banken.

Lächelnd vergibt ein jeder von uns
seinem Nächsten und sich
diesen Nachmittag lang
all das Eis
unter der Sonne.

Nun froh das Leben längst vom weiten Eise
Des starren Sees, der Wintermond allein
Webt seiner Strahlen kalten Dämmerschein,
Und summend singt der Nachtwind seine Weise,

Und surrend ritzt der Stahl gewohnte Kreise
In des Kristalls beglänzten Spiegel ein,
Und tief ins blasse Nebelreich hinein
Trägt er mich fort auf selbstgebahntem Gleise.

Von Zeit zu Zeit ertönt mit fernem Rollen
Dumpf unterm Eis gefangner Geister Grollen,
Und schneller schwebt der Flügelschuh dahin,

Und krauser, als sich seine Kreise ranken,
Ziehn kaum geboren, fliehende Gedanken
Im Wirbel ihre Kreise durch den Sinn.

Verzeichnis der Autorinnen und Autoren, Gedichte und Druckvorlagen

Alle mit einem * gekennzeichneten Texte wurden behutsam modernisiert.

ALFRED ANDERSCH (1914–1980)

29 Schwimmen im Moosehead Lake, Maine
A. A.: Gesammelte Werke in zehn Bänden. Komm. Ausg. Hrsg. von Dieter Lamping. Bd. 6: Gedichte und Nachdichtungen. Zürich: Diogenes, 2004. S. 84. – © 2004 Diogenes Verlag AG, Zürich.

FERDINAND AVENARIUS (1856–1923)

113 *Nun floh das Leben längst vom weiten Eise*
F. A.: Wandern und Werden. Erste Gedichte. 2., neugestaltete Aufl. Florenz/Leipzig: Eugen Diederichs, 1898. S. 172.

JOHANNES R. BECHER (1891–1958)

20 (1) Seelandschaft
88 (2) Schmetterlinge überm See
J. R. B.: Gesammelte Werke [18 Bde.]. Hrsg. vom Johannes-R.-Becher-Archiv der Akademie der Künste der Deutschen Demokratischen Republik. Bd. 6: Gedichte 1949–1958. Mit einem Nachw. von Horst Haase. Berlin/Weimar: Aufbau-Verlag Berlin, 1972. S. 348 (1), S. 411 (2). – © 1973, 2008 Aufbau Verlage GmbH & Co. KG, Berlin.

RUDOLF G. BINDING (1867–1938)

67 Ruderfahrt
R. G. B.: Die Gedichte. Gesamtausgabe. Sonderausgabe Europäischer Buchklub. Stuttgart/Zürich/Salzburg: Europäischer Buchklub, [1954]. S. 59.

116 BERTOLT BRECHT (1898–1956)
  27 Vom Schwimmen in Seen und Flüssen
      B. B.: Die Gedichte Hrsg. von Jan Knopf. Frankfurt a. M.: Suhr-
      kamp, 2007. – © 2007 Suhrkamp Verlag, Frankfurt a. M. Alle
      Rechte bei und vorbehalten durch Suhrkamp Verlag Berlin.

GEORG BRITTING (1891–1964)
  22 August am Wolfgangsee
      G. B.: Der unverstörte Kalender. Sämtliche Werke in 23 Bänden.
      – © Verlag Georg-Britting-Stiftung.

FRIDERIKE BRUN (1765–1835)
  52 Zu singen am Alpen-See*
      F. B.: Gedichte. Erster Theil. Neueste Aufl. Wien: B. Ph. Bauer,
      1816. S. 140 f.

LUISE BÜCHNER (1821–1877)
  51 Am See*
      L. B.: Frauenherz. Gedichte. Berlin: Verlag von Max Hirsch,
      1862. S. 75 f.

WILHELM BUSCH (1832–1908)
  79 Wassermuhmen
      W. B.: Sämtliche Werke [8 Bde.]. Hrsg. von Otto Nöldeke.
      Sechster Band. München: Verlag Braun & Schneider, 1943.
      S. 371.

WALTER CALÉ (1881–1904)
  56 *Zu meinen Füßen spielt ein kühler See*
      W. C.: Nachgelassene Schriften. Mit einem Vorwort von Fritz
      Mauthner. Hrsg. und eingel. von Arthur Brückmann. Berlin:
      S. Fischer Verlag, 1907. S. 109.

ANNETTE VON DROSTE-HÜLSHOFF (1797–1848)

24 (1) Der Weiher

102 (2) Ein harter Wintertag*

A. von D.-H.: Historisch-kritische Ausgabe. Werke. Briefwechsel [14 Bde.]. Hrsg. von Winfried Woesler. Bd. I,1: Gedichte zu Lebzeiten. Text. Bearb. von Winfried Theiss. Tübingen: Max Niemeyer Verlag, 1985. S. 43 (1), S. 91 f. (2).

JOSEPH VON EICHENDORFF (1788–1857)

75 Der stille Grund*

J. von E.: Gedichte. Hrsg. von Peter Horst Neumann in Zusammenarbeit mit Andreas Lorenczuk. Stuttgart: Reclam, 1997. (Universal-Bibliothek. 7925.) S. 83 f.

FRED ENDRIKAT (1890–1942)

86 Abend am Wasser*

F. E.: Liederliches und Lyrisches. Berlin: Buchwarte-Verlag, 1940.

GUSTAV FALKE (1853–1916)

83 Das Nixchen*

G. F.: Hohe Sommertage. Neue Gedichte. Hamburg: Alfred Janssen, ²1903. S. 58.

THEODOR FONTANE (1819–1898)

72 Der Wettersee*

Th. F.: Gedichte. Hrsg. von Karl Richter. Stuttgart: Reclam, 1998. (Universal-Bibliothek. 6956.) S. 20 f.

REINHOLD FUCHS (1858–1938)

49 Wanderklänge vom Gardasee* [1.–4. Strophe]

R. F.: Strandgut. Neue Gedichte. Gera: Karl Bauch, 1890. S. 49 f.

118 LUDWIG GANGHOFER (1855–1920)

34 Seebild*
L. G.: Neue Gedichte. Stuttgart: Verlag von Adolf Bonz &
Comp., 1883. S. 32.

EMANUEL GEIBEL (1815–1884)

63 Auf dem See*
E. G.: Geibels Werke [3 Bde.]. Hrsg. von Wolfgang Stammler.
Kritisch durchges. und erl. Ausg. Bd. 2: Neue Gedichte. Leip-
zig/Wien: Bibliographisches Institut, [1920]. S. 75.

WILHELMINE GEISSLER (1772–1822)

21 (1) Seebad*
105 (2) Der Rotsee*
W. G.: Gedichte vom Luzerner See. Ebikon: Verlag Alpwacht,
1907. S. 25 (1), S. 31 (2).

STEFAN GEORGE (1868–1933)

54 Der See*
S. G.: Gesamt-Ausgabe der Werke. Endgültige Fassung. Bd. 1:
Die Fibel. Auswahl erster Verse. Berlin: Georg Bondi, [1901].
S. 74 f.

HERMANN VON GILM (1812–1864)

47 Am Achensee*
H. von G.: Gedichte. Gesamtausgabe. Hrsg. von Rudolf Hein-
rich Greinz. Leipzig: Reclam, [1894]. S. 207 f.

JOHANN WOLFGANG GOETHE (1749–1832)

58 (1) Auf dem See*
73 (2) Der Fischer*
J. W. G.: Gedichte. Hrsg. und komm. von Erich Trunz. Mün-
chen: C. H. Beck, 1994. S. 102 f. (1), S. 153 f. (2).

MARTIN GREIF (1839–1911)   119

43 An einen Bergsee
        M. G.: Buch der Lyrik. Gedichte, Neue Lieder und Mären. Leip-
        zig: C. F. Amelangs Verlag, 1909. S. 328.

FRANZ GRILLPARZER (1791–1872)

99 Der Fischer
        F. G.: Sämtliche Werke. Hrsg. von Peter Frank und Karl Pörnba-
        cher, Bd. 1: Gedichte, Epigramme, Dramen I. München: Carl
        Hanser Verlag, 1960. S. 217 f.

JOSEF GUGGENMOS (1922–2003)

100 Zwiegespräch
         J. G.: Gugummer geht über den See. Mit einem Essay von Peter
         Härtling. Recklinghausen: Paulus Verlag, 1968. S. 35. – © Erben-
         gemeinschaft Josef Guggenmos.

GRETE GULBRANSSON (1882–1934)

55 Bergsee
        G. G.: Gedichte. Berlin: S. Fischer Verlag, 1914. S. 34.

FRIEDRICH GÜLL (1812–1879)

107 Will sehen, was ich weiß vom Büblein auf dem Eis*
         F. G. / Franz Pocci: Kinderheimath in Liedern und Bildern.
         Stuttgart: Verlag von S. G. Liesching, 1846. S. 32–34.

ULLA HAHN (geb. 1945)

111 Fest auf der Alster
         U. H.: Gesammelte Gedichte. Mit einem Vorw. von Ulla Hahn
         und einem Nachw. von Dorothea Törne. München: Deutsche
         Verlags-Anstalt, 2013. S. 366 f. – © 2013 Deutsche Verlags-
         Anstalt, München, in der Penguin Random House Verlags-
         gruppe GmbH.

120 MAX HALBE (1865–1944)

30 Sommernacht
M. H.: Sämtliche Werke. Dritter Band. Salzburg: Verlag
»Das Bergland-Buch«, 1945. S. 13 f.

GERHART HAUPTMANN (1862–1946)

109 Eislauf*
G. H.: Sämtliche Werke. Hrsg. von Hans-Egon Hass.
Centenar-Ausgabe zum hundertsten Geburtstag des Dichters.
15. November 1962. Bd. 4: Lyrik und Versepik. Berlin [u. a.]:
Propyläen Verlag, 1964. S. 35 f.

MAX HERMANN-NEISSE (1886–1941)

16 Sommermittag am See
M. H.-N.: Gesammelte Werke [5 Bde.]. Hrsg. von Klaus Völker.
Bd. 2: Um uns die Fremde. Gedichte 2. Frankfurt a. M.: Zwei-
tausendeins, 1986. S. 278.

HERMANN HESSE (1877–1962)

44 Berge in der Nacht
H. H.: Sämtliche Werke in 20 Bänden. Hrsg. von Volker
Michels. Bd. 10: Die Gedichte. Frankfurt a. M.: Suhrkamp,
2002. – © 2002 Suhrkamp Verlag Frankfurt a. M. Alle Rechte
bei und vorbehalten durch Suhrkamp Verlag Berlin.

GEORG HEYM (1887–1912)

66 Die Kähne fuhren zu Berge mit halbem Wind …
G. H.: Dichtungen und Schriften. Gesamtausgabe [4 Bde.].
Hrsg. von Karl Ludwig Schneider. Bd. 1: Lyrik. Bearb. von
Karl Ludwig Schneider und Gunter Martens unter Mithilfe
von Klaus Hurlebusch und Dieter Knoth. Hamburg: Verlag
Heinrich Ellermann, 1964. S. 680 f.

ADOLF HOLST (1867–1945)

110 Eisläuferin*
A. H.: Mit Wolken und Winden. Neue Gedichte. Leipzig:
Fritz Eckardt Verlag, 1909. S. 102.

AUGUST HEINRICH HOFFMANN VON FALLERSLEBEN (1798–1874)

92 Der Reiher*
A. H. H. von F.: Kinderlieder. Hrsg. von Lionel von Donop. Hil-
desheim / New York: Georg Olms Verlag, 1976. S. 169.

RICARDA HUCH (1864–1947)

82 Einsame Nixe
R. H.: Gesammelte Werke [11 Bde.]. Bd. 5: Gedichte, Dramen,
Reden, Aufsätze und andere Schriften. Hrsg. von Wilhelm Em-
rich. Köln/Berlin: Kiepenheuer & Witsch, 1971. S. 319 f.

PETER HUCHEL (1903–1981)

101 Wintersee
P. H.: Gesammelte Werke in zwei Bänden. Hrsg. von Axel
Vieregg. Bd. 1: Die Gedichte. Frankfurt a. M.: Suhrkamp, 1984.
S. 90. – © 1984 Suhrkamp Verlag Frankfurt a. M. Alle Rechte
bei und vorbehalten durch Suhrkamp Verlag Berlin.

FRIEDRICH GEORG JÜNGER (1898–1977)

106 Winter am See
F. G. J.: Der Westwind. Ein Gedichtband. Frankfurt a. M.:
Vittorio Klostermann, 1946. – © 1946 Vittorio Klostermann
GmbH, Frankfurt a. M.

GOTTFRIED KELLER (1819–1890)

84 Winternacht*
G. K.: Gedichte. Hrsg. von Ulrich Kittstein. Stuttgart: Reclam,
2008. (Universal-Bibliothek. 18584.) S. 32.

122 JUSTINUS KERNER (1786–1862)

35 Abendschifffahrt*
J. K.: Kerners Werke. Auswahl in sechs Teilen. Hrsg. mit Einl.
und Anm. von Raimund Pissin. Erster Teil: Das Bilderbuch aus
meiner Knabenzeit. Hrsg. und mit einem Lebensbild versehen
von Raimund Pissin. Berlin [u. a.]: Deutsches Verlagshaus Bong
& Co., [o. J.]. S. 164 f.

SARAH KIRSCH (1935–2013)

23 Ich lag auf dem Badesteg als Wind kam
S. K.: Werke in fünf Bänden. Hrsg. von Franz-Heinrich Hackel.
Bd. 1: Gedichte 1. München: Deutscher Taschenbuch Verlag,
1999. S. 45. – © 1999 Deutsche Verlagsanstalt, München, in der
Penguin Random House Verlagsgruppe GmbH.

KLABUND [d. i. ALFRED HENSCHKE] (1890–1928)

31 Am Luganer See*
K.: Gesammelte Gedichte: Lyrik, Balladen, Chansons. Wien:
Phaison, 1930. S. 32.

KARL KROLOW (1915–1999)

97 Fische
K. K.: Gesammelte Gedichte. Frankfurt a. M.: Suhrkamp, 1965.
S. 28 f. – © 1975 Suhrkamp Verlag, Frankfurt a. M. Alle Rechte
bei und vorbehalten durch Suhrkamp Verlag Berlin.

WILHELM LEHMANN (1882–1968)

63 Fahrt über den Plöner See
W. L.: Gesammelte Werke in acht Bänden. Hrsg. von Agathe
Weigel-Lehmann u.a. Band 1: Sämtliche Gedichte. Hrsg. von
Hans Dieter Schäfer. Stuttgart: Klett-Cotta, 1982. S. 114 f. –
© 1982 Klett-Cotta, Stuttgart.

39 Schilflieder*
N. L.: Sämtliche Werke und Briefe in zwei Bänden. Bd. 1:
Gedichte und Versepen. Auf der Grundlage der historisch-
kritischen Ausgabe von Eduard Castle hrsg. von Walter Dietze.
Frankfurt a. M.: Insel, 1971. S. 20.

GOTTHOLD EPHRAIM LESSING (1729–1781)

89 Die Ente*
G. E. L.: Lessings Werke in sechs Bänden. Erster Band. Leipzig:
Verlag von Th. Knaur, [o. J.]. S. 57 f.

HEINRICH LEUTHOLD (1827–1879)

17 Seelied*
H. L.: Gedichte. Nach den Handschriften wiederhergestellt.
2., verbesserte Aufl. Leipzig: Insel, 1910. S. 130 f.

HERMANN LINGG (1820–1905)

32 Sonnenuntergang am See*
H. L.: Ausgewählte Gedichte. Hrsg. von Paul Heyse. Stuttgart/
Berlin: J. G. Cotta'sche Buchhandlung Nachfolger, 1905.
S. 52 f.

OSKAR LOERKE (1884–1941)

68 Ergebung*
O. L.: Atem der Erde. Berlin: S. Fischer Verlag, 1930.

HERMANN LÖNS (1865–1914)

38 Radaunensee im Glotzow*
H. L.: Sämtliche Werke. Hrsg. von Friedrich Castelle. Bd. 1.
Leipzig: Hesse & Becker, 1924. S. 169.

124 CHRISTIAN MORGENSTERN (1871–1914)

95 (1) Der Hecht*

104 (2) Wenn's Winter wird*

Chr. M.: Werke und Briefe. Stuttgarter Ausgabe. Bd. 3:
Humoristische Lyrik. Hrsg. von Maurice Cureau. Stuttgart:
Verlag Urachhaus, 1990. S. 98 (1), S. 491 f. (2).

EDUARD MÖRIKE (1804–1875)

85 Nixe Binsefuß*

E. M.: Sämtliche Werke in zwei Bänden. Mit einem Nachw.
von Benno von Wiese sowie Anm., Zeittafel und Bibliographie
von Helga Unger. Bd. 1. München 1967. S. 780 f.

KLARA MÜLLER-JAHNKE (1860–1905)

62 Auf dem Zernsee

K. M.-J.: Gedichte. Hrsg. und illust. von Oskar Jahnke. Berlin:
Buchhandlung Vorwärts (Hans Weber), [1910]. S. 268 f.

HEINRICH PFEIL (1835–1899)

33 Still ruht der See!

H. P.: Aus meiner Liedermappe. Gedichte. 4., wesentlich
verm. Aufl. Leipzig: Verlag von Heinrich Pfeil, 1879. S. 25.

RAINER MARIA RILKE (1875–1926)

53 Bodensee

R. M. R.: Sämtliche Werke [12 Bde.]. Hrsg. vom Rilke Archiv
in Verbindung mit Ruth Sieber-Rilke. Bes. durch Ernst Zinn.
Bd. 1: Gedichte. Erster Teil. Wiesbaden: Insel, 1955. S. 121.

JOACHIM RINGELNATZ (1883–1934)

87 Im See

J. R.: Das Gesamtwerk in sieben Bänden. Bd. 2: Sämtliche
Gedichte. Hrsg. von Walter Pape. Zürich: Diogenes, 1994.
S. 252.

HUGO SALUS (1866–1929)

15 Gardasee*
H. S.: Reigen. München: Albert Langen Verlag für Litteratur und Kunst, ²190L S. 37.

ODA SCHAEFER (1900–1988)

42 Abend am Wasser
O. S.: Der grüne Ton. Späte und frühe Gedichte. München: Piper, 1973. S. 77. – © Titus Horst.

JOSEPH VICTOR VON SCHEFFEL (1826–1886)

57 Seefahrt*
J. V. von S.: Scheffels Werke. Hrsg. von Friedrich Panzer. Kritisch durchges. und erl. Ausg. Erster Band. Leipzig: Bibliographisches Institut, [o. J.]. S. 317.

FRIEDRICH SCHILLER (1759–1805)

71 Fischerknabe [Titel vom Hrsg.]
F. S.: Wilhelm Tell. Schauspiel. Mit Anm. von Josef Schmidt. Stuttgart: Reclam 2014. (Universal-Bibliothek. 12.) S. 5.

AUGUST SCHNEZLER (1809–1853)

80 Vom Mummelsee im Schwarzwald*
A. S.: Gedichte. 3., verm. Ausg. Karlsruhe: Verlag von Wilhelm Creuzbauer, 1852. S. 339 f.

KURT SCHWITTERS (1887–1948)

96 Stumm
K. S.: Das literarische Werk. Bd. 1: Lyrik. Hrsg. von Friedhelm Lach. Köln: Verlag M. DuMont Schauberg, 1973. S. 89.

HEINRICH SEIDEL (1842–1906)

91 Das Huhn und der Karpfen*
H. S.: Gesammelte Schriften [20 Bde.]. Bd. 7: Glockenspiel. Gesammelte Gedichte. Leipzig: A. G. Liebeskind, 1897. S. 299 f.

126 ERNST STADLER (1883–1914)

40 Der Teich*
E. S.: Dichtungen. Gedichte und Übertragungen mit einer
Auswahl der kleinen kritischen Schriften und Briefe [2 Bde.].
Eingel., textkritisch durchges. und erl. von Karl Ludwig
Schneider. Zweiter Band. Hamburg: Verlag Heinrich Eller-
mann, [1954]. S. 203.

LEO STERNBERG (1876–1937)

37 Comer See
L. S.: Im Weltgesang. Berlin/Leipzig: B. Behrs Verlag (Friedrich
Feddersen), 1916. S. 52.

CHRISTIAN GRAF VON STOLBERG (1748–1821)

59 Lied auf dem Wasser zu singen*
Chr. Graf von St. / Friedrich Leopold Graf von Stolberg: Ge-
sammelte Werke. 20 Bände in 10 Bänden. Bde. 1–3: Oden und
Lieder, Jamben. Nachdruck der Ausgabe Hamburg 1820–21 bei
Perthes und Besser. Hildesheim / New York: Georg Olms
Verlag, 1974. S. 319 f.

LUDWIG STRAUSS (1892–1953)

25 Lieder am See
L. S.: Gesammelte Werke in vier Bänden. 3 – Lyrik und Über-
tragungen. Hrsg. von Hans Otto Horch und Tuvia Rübner.
Veröffentlichungen der Deutschen Akademie für Sprache und
Dichtung Darmstadt, Band 73. Göttingen: Wallstein Verlag,
2000. S. 95. – © Wallstein Verlag, Göttingen 2000.

EVA STRITTMATTER (1930–2011)

19 Morgensee
E. S.: Sämtliche Gedichte. Berlin: Aufbau-Verlag, 2006.
S. 534. – © 2006, 2015 Aufbau Verlage GmbH & Co. KG,
Berlin.

36 Mondnacht am Chiemsee
L. T.: Gesammelte Werke in sechs Bänden. Erw. Neuausg.
Bd. 6: Romane II und ausgewählte Gedichte. München:
Piper, 1968. S. 522 f.

LUDWIG TIECK (1773–1853)

45 Vierwaldstätter See*
L. T.: Schriften in zwölf Bänden. Hrsg. von Manfred Frank,
Achim Hölter, Uwe Schweikert und Ruprecht Wimmer.
Bd. 7: Gedichte. Hrsg. von Ruprecht Wimmer. Frankfurt a. M.:
Deutscher Klassiker Verlag, 1995. S. 255 f.

GEORG TRAKL (1887–1914)

41 Die drei Teiche in Hellbrunn*
G. T.: Dichtungen und Briefe. Historisch-kritische Ausg.
Hrsg. von Walther Killy und Hans Szklenar. Bd. 1: Gedichte.
Sebastian im Traum. Veröffentlichungen im Brenner 1914/15.
Sonstige Veröffentlichungen zu Lebzeiten. Nachlass. Briefe.
Salzburg: Otto Müller Verlag, 1969. S. 178.

KURT TUCHOLSKY (1890–1935)

69 Träumerei auf einem Havelsee* [Gekürzt]
K. T.: Das Lächeln der Mona Lisa. Berlin: Rowohlt, 1929. S. 363 f.

LUDWIG UHLAND (1787–1862)

77 Das versunkene Kloster
L. U.: Gesammelte Werke in acht Teilen. Hrsg. von Walter
Reinöhl. Erster Teil: Vorwort. Uhlands Leben und Schaffen.
Gedichte I. Leipzig: Hesse & Becker Verlag, [o. J.]. S. 259.

FRIEDRICH THEODOR VISCHER (1807–1887)

60 Kahnfahrt*
F. Th. V.: Ausgewählte Werke [3 Bde.]. Hrsg. von Gustav Keyß-
ner. Bd. 1: Lyrische Sänge und andere poetische Werke. Stutt-
gart/Berlin: Deutsche Verlags-Anstalt, 1918. S. 89 f.

WILHELM WAIBLINGER (1804–1830)

65 Auf dem Lago Maggiore [1.–14. Vers]
W. W.: Werke und Briefe. Textkritische und komm. Ausg. in
fünf Bänden. Hrsg. von Hans Königer. Bd. 1: Gedichte. Stutt-
gart: J. G. Cotta'sche Buchhandlung Nachfolger, 1980. S. 101.

FRANZ WERFEL (1890–1945)

93 Schwäne
F. W.: Gesammelte Werke. Das lyrische Werk. Hrsg. von Adolf
D. Klarmann. Frankfurt a. M.: S. Fischer Verlag, 1967. S. 348 f.

STEFAN ZWEIG (1881–1942)

50 Alpenglühen am Zürichsee*
S. Z.: Silberne Saiten. Gedichte und Nachdichtungen. Hrsg.
und eingel. von Richard Friedenthal. Frankfurt a. M.: S. Fischer
Verlag, 1966. S. 100.